Soy Abraham Lincoln

BRAD MELTZER

ilustraciones de Christopher Eliopoulos

traducción de Isabel C. Mendoza

VISTA

Soy **Abraham Lincoln.**

TE ALCANZO MÁS TARDE.

Yo prefería leer.

También me encantaban los animales.
Cuanto tenía diez años, vi a un grupo
de niños jugando con unas tortugas.

¿ENCONTRARON TORTUGAS?

¡ME ***ENCANTAN*** LAS TORTUGAS!

Pero, cuando me acerqué, me di cuenta de que no estaban *jugando*.

Estaban poniendo trozos calientes de carbón sobre las tortugas para ver qué pasaba.

Para ellos, se trataba de una diversión inofensiva.

En aquel momento, yo podía haberme marchado de allí.
Cuando uno tiene diez años, es difícil hacer lo correcto.
Pero alguien tiene que hacerlo.

DÉJENLA EN PAZ.

Los niños soltaron la tortuga.

9

Al poco tiempo, escribí uno de mis primeros ensayos. Trataba sobre lo malo que es hacerles daño a los animales.

Puede sonar como que no es gran cosa, pero en aquel entonces la mayoría de los niños, e incluso muchos adultos, no sabían escribir.

De hecho, el estado de Indiana era tan nuevo que ni siquiera se habían construido escuelas.

Yo asistí a la escuela apenas durante un año. *¡En total!*

Pero eso no me detuvo.

Practiqué el abecedario escribiendo con tiza en los árboles.

Hasta escribí en la tierra del maizal.

A la hora de aprender, mis mejores maestros eran, sencillamente... *los libros*.

Me encantaban tanto los libros que un día llegué a caminar seis millas (estoy hablando en serio: ¡seis millas!) para conseguir uno.

¿SEIS MILLAS? ESO ES MUCHO POR UN LIBRO.

NO POR ESTE.

Leía mientras mi caballo descansaba.

Y mientras hacía
fila en la tienda.

Y en una de mis
posiciones favoritas:
con los pies
levantados, apoyados
en un árbol.

En poco tiempo, ya había leído todos los libros que había en mi vecindario, desde la Biblia hasta *Las fábulas de Esopo* y *Robinson Crusoe*. ¿Cuál era uno de mis favoritos? Un libro sobre George Washington.

Hasta copié mis pasajes favoritos en trozos de madera.

¿SABÍAS QUE GEORGE WASHINGTON ERA SOLIDARIO?

ERES UN NIÑO RARO, ABRAHAM LINCOLN.

SÍ, PERO ALGÚN DÍA ME VERÁS EN UN *PENNY*.

¿QUÉ ES UN *PENNY*?

Hoy dirían que es una pelea, pero en realidad fue un combate de lucha libre.

Yo contra el líder, Jack Armstrong.

En aquel entonces existía una regla: una vez que agarrabas a tu oponente, no podías soltarlo.

Pero Jack me soltó... para poder agarrarme de una pierna y lanzarme por los aires.

No me enojé porque hubiera perdido. Todos perdemos alguna vez.
¿Por qué me enojé?
¡Porque él había hecho *trampa*!

En segundos, me acorralaron.
Esperaban que me rindiera. O que perdiera la calma.
En cambio, tranquilo y confiado, les dije...

SI TENGO QUE PELEAR...

CON CADA UNO DE USTEDES...

LO HARÉ.

DE PLANO.

Sabían que hablaba en serio.

A veces, las peleas más difíciles no revelan a un ganador, sino el carácter de la gente.

En especial, cuando peleas por lo que crees.

Sin embargo, no todas las luchas me trajeron la victoria.

Años más tarde, vi a un grupo de esclavos encadenados en un bote que viajaba por el río Ohio. En ese entonces, no toda la gente era libre. Algunos eran esclavos.

Solo por el color de su piel, los obligaban a trabajar sin pago. Y los trataban muy mal.

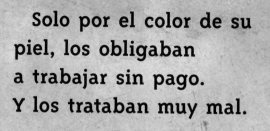

Nunca olvidé lo que vi en aquel bote.

Ese día no hice nada, pero el recuerdo de esas personas... me atormentó durante años.

Todavía pensaba en ellos cuando me convertí en presidente. Perdí cuatro elecciones antes de obtener el puesto más importante. ¡Cuatro!

En Estados Unidos se estaba librando una de las luchas más grandes de nuestra historia: la Guerra Civil. Un bando quería que los esclavos fueran libres. El otro bando...

Si me hubiera dado la vuelta y no les
hubiera hecho caso, habría evitado la guerra.
   Pero si la vida me había enseñado algo
era esto:
   yo no era bueno para ignorar
a quienes necesitaban ayuda.

La Guerra Civil duró más tiempo del que cualquiera hubiera imaginado.

La lucha cobró muchísimas vidas.

Muchos en nuestro bando querían rendirse.

Para levantar los ánimos, llevamos a cabo un evento en Gettysburg, Pensilvania.

El orador principal dio un discurso de casi dos horas.

Yo di un discurso de dos minutos, con tan solo 271 palabras.

¿Cuáles fueron las palabras más importantes que dije?

TODOS LOS HOMBRES SON CREADOS IGUALES.

Al poco tiempo, ayudé a aprobar una ley que puso fin a la esclavitud en Estados Unidos y liberó a todas esas personas.

Después, terminamos la Guerra Civil.

El resultado fue no solo unir a Estados Unidos de América, sino que también demostramos que este gobierno, de la gente, por la gente y para la gente, se dedicaría a la libertad y la justicia.

¿SABES QUE EN SU DISCURSO ASEGURÓ QUE NADIE RECORDARÍA NUNCA LO QUE ÉL DIJO EN GETTYSBURG?

¿QUIERES APOSTAR?

En la vida, la fortaleza se muestra de diferentes maneras.

Pero no hay mayor fortaleza que defender a quien lo necesita.

Sin importar de dónde vienes ni cuánto posees, algo que jamás nadie podrá quitarte es tu *voz*.

Cuando encuentres algo en lo que creas, usa tu voz.

Y cuando veas algo injusto, levanta la voz como nunca antes.

Cuando lo hagas...

Soy Abraham Lincoln.

Nunca dejaré de luchar por lo que es justo.

Y espero que siempre recuerdes que no hay manera más poderosa de hacerse escuchar que cuando expresas tus opiniones y hablas en defensa de otros.

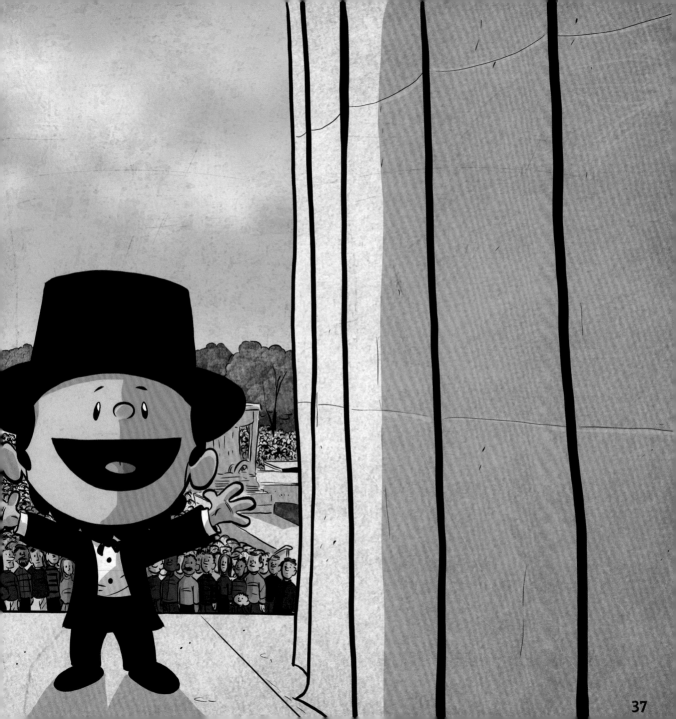

"No estoy seguro de que ganaré, pero sí de que haré lo correcto. No estoy seguro de que triunfaré, pero sí de que viviré bajo la luz que poseo. Estaré de parte de quien esté en lo correcto y lo estaré mientras aquel esté en lo correcto; y me alejaré de él cuando tome el camino equivocado".

—ABRAHAM LINCOLN

Línea cronológica

12 DE FEBRERO DE 1809	1830	1836	4 DE NOVIEMBRE DE 1842	1847–1849	1858
Nace en Hodgenville, Kentucky.	Se muda a Illinois.	Se hace abogado.	Se casa con Mary Todd.	Sirve en la Cámara de Representantes de EE. UU.	Pierde las elecciones para el Senado de EE. UU.

Durante la Guerra Civil, en 1862

Réplica de la primera vivienda de Abraham que
se halla en el Parque Histórico Nacional Lugar
de Nacimiento de Lincoln, en Kentucky

Pronunciando el Discurso
de Gettysburg, en 1863

NOVIEMBRE DE 1860	1861	1 DE ENERO DE 1863	19 DE NOVIEMBRE DE 1863	14 DE ABRIL DE 1865	15 DE ABRIL DE 1865	6 DE DICIEMBRE DE 1865
Es elegido como imosexto presidente de EE. UU.	Comienza la Guerra Civil.	Proclama de Emancipación	Discurso de Gettysburg	John Wilkes Booth le dispara.	Muere en Washington, D. C.	La Enmienda Decimotercera a la Constitución de EE. UU. prohíbe la esclavitud.

Para Teo & Jonas, mis hijos: Luchen siempre por lo que es justo, y por aquellos que lo necesiten.
—B.M.

Para Jeremy & Justin: Háganse fuertes sirviendo al débil, levántense en favor de quien no puede hablar, y, a pesar de ser idénticos, conserven su originalidad.
—Papá (C. E.)

Un agradecimiento especial para Douglas L. Wilson y el Centro de Estudios Lincoln de Knox College, en Illinois

FUENTES

Honor's Voice: The Transformation of Abraham Lincoln, Douglas L. Wilson (Knopf, 1998)
Lincoln's Virtues: An Ethical Biography, William Lee Miller (Knopf, 2002)
Lincoln: A Life of Purpose and Power, Richard Carwardine (Knopf, 2006)
Lincoln, David Herbert Donald (Simon & Schuster, 1995)

MÁS LECTURAS PARA NIÑOS

Las honestas palabras de Abraham: la vida de Abraham Lincoln, Doreen Rappaport y Kadir Nelson (VHL, 2021)
¿Qué fue la batalla de Gettysburg?, Jim O'connor (VHL, 2015)
La Proclamación de Emancipación, Ryan Nagelhout (Powerkids Press, 2017)

© 2023, Vista Higher Learning, Inc.
500 Boylston Street, Suite 620
Boston, MA 02116-3736
www.vistahigherlearning.com
www.loqueleo.com/us

© Del texto: 2014, Forty-four Steps, Inc.
© De las ilustraciones: 2014, Christopher Eliopoulos

Publicado originalmente en Estados Unidos bajo el título *I Am Abraham Lincoln* por Dial Books for Young Readers, un sello de Penguin Random House LLC, Nueva York. Esta traducción ha sido publicada bajo acuerdo con Forty-four Steps, Inc. y Christopher Eliopoulos c/o Writers House LLC.

Dirección Creativa: José A. Blanco
Vicedirector Ejecutivo y Gerente General, K–12: Vincent Grosso
Desarrollo Editorial: Salwa Lacayo, Lisset López, Isabel C. Mendoza
Diseño: Ilana Aguirre, Radoslav Mateev, Gabriel Noreña, Verónica Suescún, Andrés Vanegas, Manuela Zapata
Coordinación del proyecto: Karys Acosta, Tiffany Kayes
Derechos: Jorgensen Fernandez, Annie Pickert Fuller, Kristine Janssens
Producción: Esteban Correa, Oscar Díez, Sebastián Díez, Andrés Escobar, Adriana Jaramillo, Daniel Lopera, Juliana Molina, Daniela Peláez, Jimena Pérez
Traducción: Isabel C. Mendoza

Soy Abraham Lincoln
ISBN: 978-1-54338-602-8

La fotografía de Abraham Lincoln de la página 38, la imagen de Lincoln pronunciando el Discurso de Gettysburg de la página 39, la foto frente a una tienda (en el campo de batalla de Antietam) de la página 39 y la foto de la cabaña de la página 39 del Parque Histórico Nacional Lugar de Nacimiento de Lincoln, en Hodgenville, Kentucky, se publican por cortesía de la Bibilioteca del Congreso.

Printed in the United States of America

1 2 3 4 5 6 7 8 9 KP 28 27 26 25 24 23